Comité Départemental des Mutilés et Réformés de la Guerre

DE TARN-ET-GARONNE

Ce que doit savoir

UN MUTILÉ

UN RÉFORMÉ

UNE VEUVE

MONTAUBAN

IMPRIMERIE COOPÉRATIVE, BARRIER ET Cie

3, AVENUE GAMBETTA, 3

1920

8ᵉ F
5525
88

Comité Départemental des Mutilés et Réformés de la Guerre

DE TARN-ET-GARONNE

Ce que doit savoir

UN MUTILÉ

UN RÉFORMÉ

UNE VEUVE

MONTAUBAN

IMPRIMERIE COOPÉRATIVE, BARRIER ET Cⁱᵉ

3, AVENUE GAMBETTA, 3

1920

CE QUE DOIT SAVOIR

UN MUTILÉ, UN RÉFORMÉ, UNE VEUVE

BIBLIOTHÈQUE NATIONALE R. F.

Pensions.

Les militaires des armées de terre et de mer affectés d'infirmités résultant de la guerre ;

Les veuves, orphelins et ascendants de ceux qui sont morts pour la France,

Ont **un droit à réparation.**

INDEMNISATION

Premier cas. — La blessure a été constatée avant le renvoi dans les foyers, ou bien la maladie a été constatée soit avant le renvoi dans les foyers, soit dans les six mois qui ont suivi ce renvoi, soit pour les militaires déjà libérés dans les six mois qui suivent le 2 septembre 1919.

Dans tous les cas, la blessure ou la maladie est présumée imputable au service et, par conséquent, ouvre des droits à pension, sauf preuve contraire de la part de l'Etat.

Deuxième cas. — La blessure ou la maladie n'ont pas été constatées dans le délai ci-dessus indiqué et la présomption ne joue plus.

Pour faire valoir ses droits, l'intéressé a cinq ans, à partir de la cessation du service, mais c'est à lui qu'il appartient de prouver que la blessure ou l'infirmité est bien imputable au service.

Le dommage est évalué suivant le degré d'invalidité. Le degré d'invalidité est évalué de 5 en 5, de 10 à 100 %; lorsque le degré d'invalidité est intermédiaire entre deux échelons, l'invalidité est évaluée à l'échelon supérieur.

INFIRMITÉS MULTIPLES. — On dit qu'il y a infirmités multiples, lorsque deux ou plusieurs infirmités entraînent chacune un état d'invalidité d'au moins 10 % siégeant sur un des points différents du corps. Les infirmités accumulées sur un seul et même membre ne donnent pas lieu à l'application des règles concernant les infirmités multiples.

Premier cas. — Aucune infirmité n'entraîne l'invalidité absolue (100 %).

Pour chacune des infirmités supplémentaires, le degré d'invalidité est considéré proportionnellement à la validité restante.

Mais quand l'infirmité principale entraîne une invalidité d'au moins 20 %, les degrés d'invalidité de chacune des infirmités supplémentaires sont préalablement élevés de 5 %, 10 %, 15 %, et ainsi de suite pour tenir lieu de ce fait qu'une infirmité prend une importance d'autant plus grande qu'elle se surajoute à un plus grand nombre d'infirmités.

Deuxième cas. — L'une des infirmités entraîne l'invalidité absolue (100 %).

On suppose une nouvelle validité de 100 % et le degré d'invalidité supplémentaire est calculé intégralement pour chacune des invalidités supplémentaires qui s'ajoutent donc les unes aux autres.

POINT DE DÉPART DE L'INDEMNISATION : Décision de la Commission de réforme.

Si cette commission ne l'a examiné qu'après sa sortie du corps, c'est au jour de cette sortie que doit remonter la pension.

PENSION TEMPORAIRE (gratification). — Elle est concédée pour deux ans, sauf en ce qui concerne les réformes temporaires qui n'y ont droit que pendant le temps de la réforme temporaire.

Elle est renouvelable par périodes biennales.

Dans un délai maximum de quatre ans, la situation du réformé temporaire doit être définitivement fixée.

BLESSURES MULTIPLES. — 1° Une incurable, les autres curables : Pension temporaire pour l'ensemble des infirmités :

2° Infirmités multiples dont l'une entraîne l'invalidité absolue : a) Pension temporaire ou définitive pour l'invalidité absolue ; b) Complément de pension de 100 à 1.000 francs, par multiples de 100, pour les autres infirmités.

ASSISTANCE D'UNE TIERCE PERSONNE. — Dans le cas où le mutilé est atteint d'infirmités qui l'obligent à recourir d'une manière constante aux soins d'une tierce personne, il a droit, à titre d'allocation spéciale, à une majoration égale au quart de sa pension, à moins qu'il ne préfère être hospitalisé.

RAPPEL D'ARRÉRAGES. — En cas de pension, gratification ou allocation concédée en vertu de la législation ancienne, mais bonifiée par la loi nouvelle, il y a lieu à rappel de la différence entre les arrérages anciens et nouveaux.

INDEMNISATION DES VEUVES

Il n'y a droit à pension que si le mariage est antérieur soit à la blessure, soit à l'origine ou à l'aggravation de la maladie.

Exception est faite en faveur des femmes qui ont épousé un mutilé atteint d'une invalidité égale ou supérieure à 80 %. Elles auront droit à une pension de réversion, si leur mariage a été contracté dans les deux ans de la réforme de leur époux ou de la cessation des hostilités, et si ce mariage a duré une année ou a été rompu par la mort accidentelle de l'époux.

TAUX DES PENSIONS DES VEUVES

a) TAUX EXCEPTIONNEL. — Mort causée :

1° Par des blessures ou suites de blessures reçues au cours d'événements de guerre ;

2° Par des accidents ou suites d'accidents éprouvés par le fait ou à l'occasion du service.

b) TAUX NORMAL. — Mort causée par des maladies ou suite de maladies contractées ou aggravées par suite de fatigues, dangers ou accidents survenus par le fait ou à l'occasion du service.

c) TAUX DE RÉVERSION. — Il est alloué aux veuves des militaires morts en jouissance d'une pension correspondant à une invalidité égale ou supérieure à 60 %.

Il ne faut pas confondre le droit à pension de réversion et le taux de réversion. Le droit par réversion joue, lorsque le mari avait une pension ou des droits à pension et qu'il meurt d'une cause étrangère aux blessures ou à la maladie qui lui avait valu sa pension ; si, au contraire, sa mort est la conséquence directe, quelqu'éloignée qu'elle soit de ses blessures ou de sa maladie, la veuve a un droit direct qui lui permet de recevoir une pension du taux exceptionnel (pour blessure) ou du taux normal (pour maladie)

INDEMNISATION DES ORPHELINS

N'ont droit à pension que les orphelins mineurs, à moins qu'ils soient atteints d'une infirmité incurable les mettant dans l'impossibilité de gagner leur vie, auquel cas ils conservent le bénéfice de la pension après leur majorité.

La majoration de 300 francs par enfant ayant moins de dix-huit ans est attribuée aux orphelins, mais seulement à partir du deuxième enfant au-dessous de dix-huit ans le premier comptant, dans ce cas, comme chef de famille.

VOIES DE RECOURS

Toutes les contestations auxquelles donnera lieu l'application de la Loi des Pensions seront jugées en premier ressort par le tribunal départemental des pensions du domicile de l'intéressé et en appel par la cour régionale des pensions.

L'intéressé doit saisir le tribunal par l'envoi d'une lettre recommandée adressée au greffe dans le délai de six mois à dater de la notification de la décision qui a prononcé le refus ou arrêté le chiffre de la pension.

Le Mutilé, réformé par décision ministérielle antérieurement au 31 mars 1919, c'est-à-dire sous l'ancien régime des pensions, ne peut attaquer cette décision directement devant le Tribunal des Pensions. Il doit demander, d'abord, à passer devant une commission de réforme (adresser la demande par lettre recommandée au Directeur du Service de Santé de la 17e Région, Toulouse).

Les anciens militaires qui comparaîtront devant le Tribunal des Pensions auront droit à une indemnité journalière de 8 francs, portée à 12 francs si l'intéressé ne peut rentrer chez lui le même jour, plus une indemnité de déplacement de 3 francs par 10 kilomètres.

Taux des Pensions.

Degré d'invalidité.	Soldat.	Caporal.	Sergent.	Sergent-Major.	Aspirant.	Adjudant.
10	240	243	246	249	252	255
15	360	365	369	374	378	383
20	480	486	492	498	504	510
25	600	608	615	623	630	638
30	720	729	738	747	756	765
35	840	851	861	872	882	893
40	960	972	984	996	1.008	1.020
45	1.080	1.094	1.107	1.121	1.134	1.148
50	1.200	1.215	1.230	1.245	1.260	1.275
55	1.320	1.337	1.353	1.370	1.386	1.403
60	1.440	1.458	1.476	1.494	1.512	1.530
65	1.560	1.580	1.599	1.619	1.638	1.658

Degré d'invalidité.	Soldat.	Caporal.	Sergent.	Sergent-Major.	Aspirant.	Adjudant.
70	1.680	1.701	1.722	1.743	1.764	1.785
75	1.800	1.813	1.845	1.868	1.890	1.913
80	1.920	1.944	1.968	1.992	2.016	2.040
85	2.040	2.066	2.091	2.117	2.142	2.168
90	2.160	2.187	2.214	2.241	2.268	2.295
95	2.280	2.309	2.237	2.366	2.394	2.423
100	2.400	2.430	2.460	2.490	2.520	2.550

300 francs pour une invalidité de 100 °/₀

285	—	—	95 —
270	—	—	90 —
255	—	—	85 —
240	—	—	80 —
225	—	—	75 —
210	—	—	70 —
195	—	—	65 —
180	—	—	60 —
165	—	—	55 —
150	—	—	50 —
135	—	—	45 —
120	—	—	40 —
105	—	—	35 —
90	—	—	30 —
75	—	—	25 —
60	—	—	20 —
45	—	—	15 —
30	—	—	10 —

VEUVES OU ORPHELINS

	Taux exceptionnel.	Taux normal.	Taux de réversion.
Adjudant chef..	1.400	1.150	950
Adjudant	1.300	1.100	900
Aspirant.......	1.250	1.075	850
Sergent-major..	1.200	1.050	800
Sergent........	1.100	950	700
Caporal........	900	875	600
Soldat.........	800	800	500

Majoration de 300 francs par enfant.

ASCENDANTS

Père..	400
Mère veuve	800
Mère veuve remariée........................	400
Père et mère	800
Grand-père	300
Grand'mère remariée........................	300
Grand'mère veuve...........................	600
Grand père et grand'mère...................	600

100 francs par enfant mort à la guerre à partir du deuxième.
100 francs par petit-enfant mort à la guerre à partir du deuxième et jusqu'à concurrence de trois.

Les Tuberculeux.

En vue d'assurer, par le repos et les soins indispensables, le traitement de la tuberculose pulmonaire confirmée, l'évaluation de cette maladie sera, quel qu'en soit le degré de gravité, portée à 100 %, avec pension temporaire ou définitive, dans les conditions prévues à l'article 7 de la loi du 31 mars 1919.

Cette évaluation est essentiellement subordonnée à la confirmation indiscutable de la nature tuberculeuse des lésions constatées et de leurs caractères d'activité.

En l'espèce, on considérera comme « tuberculose confirmée » celle caractérisée à la fois par des signes cliniques certains et par la présence du bacille tuberculeux.

En ce qui concerne les autres localisations de la tuberculose, les évaluations prévues dans les divers guides-barêmes pourront être majorées selon l'importance des lésions, mais seulement après examen supplémentaire approfondi d'un spécialiste (médecin ou chirurgien, selon le cas), démontrant la nature tuberculeuse de ces lésions, la gravité de leur évolution et la nécessité du repos.

Appareillage et Prothèse.

Tout amputé a droit à deux appareils de son choix du même type ou de types différents.

En outre, tout mutilé, en même temps que ses deux appareils, a droit à tous les accessoires nécessaires pour son travail professionnel ainsi qu'à tous les accessoires nécessités par son infirmité.

Les amputés des membres inférieurs ont droit :

1° A une paire de chaussures à titre de première mise gratuitement ;

2° A une chaussure pour le membre appareillé renouvellée gratuitement après usure ;

3° A une chaussure pour le pied normal à titre remboursable chaque fois que le remplacement en aura été reconnu indispensable.

Il en est de même pour tout appareil orthopédique des membres inférieurs.

Certains blessés de la tête présentent une perte totale ou partielle de cheveux, et leur état exige le port d'une chevelure postiche. Ces blessés ont droit, au même titre que tous les mutilés à l'appareil nécessité par leur infirmité.

Adresser les demandes au Centre d'appareillage de la 17ᵉ Région, hôpital du Caousou, Toulouse.

Assistance Médicale Gratuite.

Tout réformé ou tout démobilisé en instance de pension a droit à l'assistance médicale gratuite (médecin et pharmacien) pour les soins nécessités par la blessure ou la maladie cause de la réforme ou de la demande de pension.

Se faire inscrire sur la liste déposée à la mairie.

Il recevra, par les soins de cette dernière, un carnet de tickets destinés au médecin et au pharmacien.

Envoi aux Eaux des anciens Militaires.

L'envoi aux eaux des anciens militaires est réglé par la loi du 12 juillet 1873 et par le décret du 25 novembre 1889.

Les anciens militaires qui auront fait leur demande au général commandant la subdivision seront convoqués devant la commission spéciale de réforme pour **être** visités et contrevisités.

Le résultat de cette opération est consigné dans un certificat individuel, joint à la demande de chaque postulant, avec un extrait du procès-verbal de la commission indiquant formellement que les blessures ou infirmités proviennent du fait du service militaire, ou au moins ont été contractées pendant le service, ou même d'après la circulaire du 5 mai 1917, aggravées pendant le service. La demande est alors transmise au ministre aux fins d'autorisation.

Les évacuations des malades des voies respiratoires sur les stations thermales ne peuvent être demandées que s'il n'y a aucun signe objectif de bacillose ou évolution, si deux examens successifs de crachat, au moins, sont négatifs.

Les évacuations de fistuleux osseux ne sont accordées que sur avis d'un chirurgien consultant régional ou d'un chef de centre de chirurgie osseuse.

La durée de la cure n'est pas limitée.

Avances sur Pensions.

Le titulaire d'une pension de l'Etat inscrite au grand-livre de la dette viagère peut recevoir, sur les arrérages du trimestre en cours, une ou deux avances égales, chacune, à un mois entier d'arrérages, sans fraction de franc.

Ces avances peuvent être faites par les bureaux de poste agissant pour le compte de la Caisse nationale d'épargne, les Caisses d'épargne ordinaires ou les

Monts-de-Piété ; les établissements qui les consentent doivent être situés dans l'arrondissement où la pension est payable.

Le pensionnaire qui veut obtenir des avances dans l'un des établissements ci-dessus doit y déposer, après avoir justifié de son identité, une demande contenant ses nom et prénoms, son adresse, la nature et le montant annuel de sa pension, le numéro de son titre, les dates d'échéance et le lieu ordinaire de paiement. Il indique, en outre, s'il entend recevoir des avances au cours de chaque trimestre ou seulement sur les arrérages du trimestre en cours.

Lors du dépôt de la demande, le certificat d'inscription doit être présenté au préposé de l'établissement pour lui permettre tout rapprochement ou vérification utile.

Lors du paiement du solde du trimestre, le pensionnaire doit remettre son titre à l'établissement qui a fait les avances, ce dernier payant ledit solde après avoir adressé le titre au comptable du Trésor, qui le revêt de son estampille.

Rappelons que les droits perçus pour ces avances sont de 1 franc pour 100, avec minimum de 0 fr. 50.

Rééducation.

Bénéficiaires : Les Mutilés.
Les Réformés.
Les Veuves.

Pour entrer en rééducation chez un patron :
Adresser une demande à l'Office départemental des

Mutilés et Réformés qui vous expédiera les imprimés du contrat d'apprentissage à faire garnir par l'employeur.

Pendant toute la durée de cette rééducation, qui peut varier de six mois à deux ans, l'Office départemental accorde au rééduqué une allocation mensuelle de 90 francs, plus une majoration mensuelle de 30 francs par enfant vivant de moins de dix-huit ans.

En outre, l'Office National accorde une prime journalière variant de 1 franc à 2 francs.

Pour entrer dans une école de rééducation :

Adresser la demande à l'Office départemental des Mutilés et Réformés de la Guerre.

Voyage gratuit.

Logement, enseignement, nourriture et blanchissage gratuit.

Acquisition d'une petite Propriété rurale.

Bénéficiaire : *Les Pensionnés.*
Les Veuves.

Prêts jusqu'à 10.000 francs.

Durée du remboursement jusqu'à vingt-cinq ans (à condition qu'au bout de vingt et un ans l'âge de l'emprunteur ne dépasse pas soixante ans).

Intérêt : 1 %.

Remboursement par annuités.

Garanties : Une hypothèque sur la propriété.
Un contrat d'assurance sur la vie.

En vue de favoriser la création du foyer familial et d'encourager les familles nombreuses, le législateur a décidé qu'une somme de 0 fr. 50 par 100 francs empruntés serait versée annuellement par l'Etat en atténuation des annuités à verser à la société prêteuse par l'emprunteur, à raison de chacun des enfants qui lui naîtront postérieurement à la conclusion du prêt.

Exemple : Un prêt de 10.000 francs pour 25 ans : Annuité, 454 fr. 07 ;

S'il naît un enfant à l'emprunteur postérieurement au prêt, l'intéressé n'aura plus à payer que.. 404 fr. 07

Pour le deuxième enfant............ 354 fr. 07

Pour le troisième enfant............ 304 fr. 07

Pour le sixième enfant.............. 154 fr. 07

Pour le neuvième enfant............ 4 fr. 07

Avec le dixième, l'annuité sera entièrement à la charge de l'Etat.

Adresser les demandes au Crédit Agricole, 34, rue de la Banque, ou au Crédit Foncier, rue du Moustier, Montauban.

Au cas où l'emprunteur vient à mourir avant le remboursement total, toutes les sommes qui restent dues au moment de son décès sont payées par la Caisse Nationale d'Assurances au décès ; l'emprunteur laisse ainsi en mourant une situation complètement liquide à sa femme et à ses enfants.

Prêts d'honneur.

Des avances peuvent être consenties par l'Office national des mutilés et réformés de la guerre aux mutilés, réformés et veuves pensionnées rééduqués :

1° Pour favoriser leurs établissements ;

2° Pour les aider à supporter les frais accessoires des prêts prévus par la loi du 9 avril 1918 relative à l'acquisition des petites propriétés rurales.

Les avances à la première catégorie, si elles ne dépassent pas 500 francs, peuvent être accordées par les Comités départementaux.

Si elles dépassent ce chiffre, elles sont attribuées par le Comité d'administration de l'Office national, sur la proposition du Conseil de perfectionnement jusqu'à concurrence d'un maximum de 2.000 francs.

Toutes les avances comporteront un intérêt à 1 %. Elles seront remboursées par annuités, sans que la durée de remboursement puisse dépasser dix années, s'il s'agit d'une avance faite par l'Office national, ou cinq années pour les avances faites par les Comités départementaux.

Les avances auront le caractère des prêts d'honneur.

Adresser les demandes au Comité dépatemental.

Coopératives de Mutilés ou de Veuves.

Les mutilés, réformés et veuves de guerre, groupant un capital de 5.000 francs par exemple, pourront obtenir du Ministère du Travail une avance de 10.000 francs et de l'Office national des mutilés une avance de 5.000 francs.

Souvent les coopérateurs désirent former des Associations ouvrières de production. Ils sont arrêtés dans la réalisation de leur idée par les frais de constitution de société, d'honoraires de notaire, les droits d'enregistrement, etc., qu'ils ont à acquitter.

L'Office national des mutilés, outre l'avance indiquée ci-dessus, leur accordera une subvention pour payer ces divers frais.

Les mutilés ,réformés et veuves de la guerre trouveront donc tous les avantages désirables pour constituer de petites entreprises.

Tous les renseignements nécessaires leur seront donnés sur demande par l'Office départemental.

Les Emplois réservés

Ils se divisent en quatre catégories : la première, la deuxième et la troisième nécessitant un examen, la quatrième sans examen (à part quelques exceptions). Pour chacune de ces catégories, des examens ont lieu quatre fois par an, aux dates fixées par le ministre de la guerre. Pour pouvoir concourir aux examens ou être inscrits sur les listes de classement de la quatrième catégorie, il faut être réformé n° 1 et avoir en sa possession le titre définitif de réforme ou sur le vu d'une pièce officielle constatant leur envoi en congé illimité pour cause d'instance de réforme n° 1 ou de pension. Cette dernière formalité n'est pas exigée pour les mutilés.

Un réformé peut, en même temps, postuler pour plusieurs emplois, à la seule condition de satisfaire aux exigences de l'obtention du certificat d'aptitude pour chacun de ces emplois. Les demandes doivent être adressées au commandant de la subdivision par l'intermédiaire de la gendarmerie:

Renouveler la demande tous les trois mois jusqu'à classement.

Pain.

Peuvent bénéficier d'une réduction de prix calculée sur la base de la taxe du pain du 1ᵉʳ février 1920, et jusqu'à 400 grammes par jour et par enfant.
jusqu'à 400 grammes par jour :

1° Les veuves ayant au moins deux enfants à leur charge, pour chaque enfant âgé de moins de seize ans ;

2° Les réformés avec pension de 50 % au minimum.

Et si ces derniers ont plus de trois enfants, ils ont droit à 400 grammes, tarif réduit pour chaque enfant de moins de seize ans.

Adresser une demande à la mairie.

Quart de Place et Réductions.

Quart de place en 2ᵉ et 3ᵉ classe accordée à tous les réformés d'au moins 50 %.

Réduction aux veuves chargées de famille :

        30 % pour 3 enfants.
        40 % pour 4   —
        50 % pour 5   —
        60 % pour 6   —
        70 % pour 7   —
        70 % pour 7   —   et plus.

Adresser une demande à la mairie et présenter le titre de pension, de gratification ou certificat du médecin chef du Centre de réforme qui a instruit la pension.

En même temps qu'il présentera sa demande à la mairie avec les justifications ci-dessus, l'intéressé fournira sa photographie d'une dimension de 0 m. 03 sur 0 m. 04.

Port de l'Insigne.

Ont droit au port de l'insigne : tous les blessés de guerre.

Pour les militaires blessés accidentellement ou en service commandé ,la demande est soumise au général commandant la région. qui statue sur le vu des pièces du dossier.

Pour ceux rayés des contrôles, par suite de réforme pour maladie, il faut que l'affection ait été contractée ou aggravée par le fait du service; c'est-à-dire ayant bénéficié ou devant bénéficier de la réforme n° 1, pour blessures accidentelles dues au sevirce depuis le début des hostilités et ayant, de ce fait, entraîné la radiation des contrôles. par suite de maladie, de réforme n° 1 doivent être assimilées aux maladies.

Subventions allouées aux Pupilles de la Nation par l'Office du Tarn-et-Garonne.

13, Rue de la Mairie Montauban.

SUBVENTIONS MENSUELLES D'ENTRETIEN
DE 1 A 13 ANS

Motifs. — Indigence du tuteur (tuteur ne percevant pas de pension de guerre ; orphelins de père et de mère, ou abandonnés par leur mère. etc.).

Taux et durée. — Proportionnés à l'indigence et à

la durée de l'indigence de chacun. Peut varier de 15 à 45 francs par mois.

Procédure. — Allouées sur proposition motivées du membre visiteur et de la section cantonale.

SECOURS EXCEPTIONNELS D'ENTRETIEN DE 1 A 21 ANS

1° **En argent.** — Cas d'extrême misère.

2° **En nature.** — Bons de vêtements, linge, chaussures. Vêture d'hiver, 60 francs ; vêture d'été, 40 francs ; chaussures, 30 francs. Un pupille nécessiteux peut au plus solliciter deux vêtures par an.

Procédure. — Alloués sur propositions motivées du membre visiteur.

L'attention du membre visiteur est attirée sur la nécessité de contrôler l'emploi du bon, dont l'enfant est bénéficiaire. Toute fraude doit être immédiatèment signalée à l'Office.

SUBVENTIONS MENSUELLES DE PLACEMENT CHEZ DES PARTICULIERS, DANS DES ÉTABLISSEMENTS, DES SANATORIA, DE 1 A 21 ANS.

Motifs. — Le tuteur ne pouvant assumer la garde ou la santé de l'enfant nécessitant le placement.

Taux. — Varie de 0 fr. 75 à 3 francs par jour. Proportionné, d'une part, à l'indigence du tuteur ; d'autre part, au tarif du placement sollicité.

Procédure. — Demande du représentant légal exposant les motifs de la mise en garde, transmise avec avis motivé par le membre visiteur et la section cantonale.

L'Office préconis le placement familial. Toute demande de mise en garde dans des orphelinats doit être appuyée de raisons sérieuses.

SECOURS MÉDICAUX DE 1 A 21 ANS.

1° **Assistance médicale.** — Dans le cas d'anémie, de convalescence, etc.

Tarif. — 0 fr. 75 par jour durant le premier mois ; 0 fr. 50 le second mois.

Procédure. — Demande accompagnée d'un certificat médical, transmise avec avis du membre visiteur.

2° **Remboursement médical.** — Dans les cas de maladie, d'accident, etc. : le remboursement n'est total que dans les cas d'indigence exceptionnelle.

Procédure. — 1° Certificat médical.

2° Certificat de non inscription sur les listes d'assistance médicale gratuite.

3° Produire les factures de médecin et de pharmacie dont le remboursement est sollicité.

SUBVENTIONS D'APPRENTISSAGE DE 13 A 21 ANS

Subvention mensuelle d'apprentissage. — A tout Pupille travaillant dans l'industrie, le commerce ou l'agriculture, chez des particuliers ou sur son propre bien (agriculteur), qui paient leur apprentissage ou dont le salaire est insuffisant.

Taux. — De 1 à 3 francs par jour. Varie selon les conditions du contrat d'apprentissage et les ressources propres de la famille.

Procédure. — Allouée sur proposition motivée du membre visiteur et de la section cantonale.

Subvention exceptionnelle pour outillage, frais d'installation des Pupilles. — Le taux est proportionné au devis fourni et certifié conforme par la section cantonale.

SUBVENTIONS D'ÉTUDES DE 11 A 21 ANS.

a) **Exonérations et bourses** (pour l'enseignement secondaire, primaire supérieur public ou libre, écoles spéciales).

1° *Enseignement secondaire, primaire supérieur*. — Les exonérations sont attribuées aux Pupilles âgés de moins de onze ans qui n'ont pu encore subir l'examen des bourses. Mais tout Pupille exonéré est tenu de se présenter au dit examen à la session qui suit l'attribution de son exonération (mars ou avril de chaque année). Les exonérations ne sont pas maintenues après deux échecs à l'examen des bourses.

Ecoles spéciales. — Pour entrer dans des écoles spéciales relevant du Ministère de l'Agriculture, du Commerce, de l'Industrie, etc., les Pupilles doivent subir l'examen d'entrée aux dites écoles. Les examens ont lieu à des dates variables.

2° Tout Pupille ayant satisfait soit à l'examen des bourses, soit à l'examen d'entrée dans une école spéciale, peut recevoir une bourse ou une fraction de bourse qui le suivra jusqu'à la fin des études, si par son travail et sa conduite il donne pleine satisfaction.

Procédure. — Demande du représentant légal accompagnée :

1° D'un certificat d'aptitude et de travail délivré par son dernier directeur d'école.

2° De la nomenclature des ressources et des charges de la famille.

Transmise avec avis par la section cantonale.

b) **Remboursement de fournitures scolaires** (enseignement primaire, secondaire, primaire supérieur, etc., public ou libre, de trois ans à vingt et un ans.

Taux annuel du remboursement : enseignement primaire, 20 francs ; enseignement secondaire, 30 francs.

Procédure. — Demande transmise par la section cantonale, accompagnée d'un certificat de scolarité délivré par le maître.

c) **Dégrèvement de frais de trousseau** (enseignement seconde, primaire supérieur, écoles spéciales, etc.).

Alloué en fraction ou en totalité aux Pupilles internes dans les différents établissements publics ou libres.

PÉCULE — DOT

A leur majorité ou à leur mariage (pour les mieurs), les Pupilles pourront prétendre à la remise d'un pécule qui proviendra de versements effectués en leur nom par l'Office dont ils relèvent.